Nürnberg
Fränkische Alb
enheim
Solnhofen
Ingolstadt
Regensburg
Bayerischer Wald
Isar
gsburg
n v o r l a n d
Inn
München
Bayerische Alpen

Silke Vry · Marie Geissler

DUSTY DIGGERS

Gekrächze aus der Urzeit

Das Geheimnis des Urvogels Archaeopteryx

In dieser unglaublichen Story dreht sich alles um den Urvogel Archaeopteryx und um eine verzwickte Dinosaurier-Spurensuche. 1861 fand nämlich ein Steinbrucharbeiter im bayerischen Solnhofen eine seltsame Kreatur im Stein, die sich bald als Fossil aus der Dinosaurierzeit entpuppte! Was war das für ein Ding, das sich über 150 Millionen Jahre erhalten hatte? Fossiliensucher, Wissenschaftler am Rande des Nervenzusammenbruchs und andere schräge Vögel wollten dem Rätsel auf die Spur kommen.

Schlimm aber ist das hier: In diesem Buch kommen keine Frauen vor. Dafür können wir nichts. Natürlich hätten wir einfach eine Frau erfinden können. Da das hier aber ein Sachbuch ist, in dem beschrieben wird, was WIRKLICH passiert ist, haben wir das nicht getan. Du sollst dich nämlich ruhig ärgern. Nicht über uns, aber darüber: dass Frauen früher nicht Wissenschaftlerinnen werden konnten. Und dass sie deshalb hier zu kurz kommen. (Eine haben wir dann doch erfunden …)

Genug geredet! Auch im zweiten Band der Dusty Diggers wünschen wir dir viel Spaß, diesmal bei der Entdeckung des rätselhaftesten Flügelwesens der Welt.

ALOIS

»Ottmannscher Bruch«, Solnhofen, Bayern, Frühjahr 1861

Es ist Frühling. Der Winter ist vorbei, die Sonne strahlt. Vögel zwitschern. Ein ganz normaler Tag im Jahr 1861, mitten in Bayern, im Steinbruch von Solnhofen …

Wer hierher kommt und keine Tomaten auf den Ohren hat, der hört schon von Weitem lautes Klopfen und Hämmern. Mehrere Arbeiter sind dabei, Platten aus dem Stein zu schlagen. Von früh bis spät geht das so, seit Jahr und Tag, und so auch heute.

Etwas ist heute allerdings anders als sonst: Es passiert etwas, womit niemand gerechnet hätte. Wie hätte denn auch irgendjemand ahnen können, dass in dem Steinbruch ein komischer Vogel auftauchen würde, ein ziemlich hässlicher noch dazu! Einer, der die Welt auf den Kopf stellen wird …

Aber nein, stopp, und noch mal von vorn! Die Geschichte muss doch ganz anders anfangen. Nicht mit dem zerquetschten Suppenhuhn. Das kommt erst später.

klirr
klirr
hämmer
HÄMMER

Wir müssen mit ihm hier beginnen, mit Alois …
Alois ist ein junger Mann. Er arbeitet im Steinbruch – wie schon sein Vater und sein Großvater vor ihm. Tagein, tagaus und bei Wind und Wetter hebelt er Steinblöcke aus dem Felsen. Das ist knochenharte, schlecht bezahlte Arbeit, und gefährlich ist es auch. Wenn der Stein nass und rutschig ist, kann man leicht in die Tiefe stürzen. Und wenn es kalt ist und die Kleidung durchnässt, kann man sich böse erkälten.

Für Alois ist im Moment sowieso alles ein einziger »Schoassdreck«: die harte Arbeit, dann der Hungerlohn! Und zu allem Überfluss auch noch der meckernde Husten, der ihn seit Wochen plagt. Eigentlich müsste er zum Doktor.

Aber das kann er vergessen: Der will Lohn, bar auf die Hand, und Geld hat Alois keins. Und so macht er trotz Husten genau das, was er sonst auch macht: Er löst Kalksteinplatten* von einem großen Steinblock, den ein Kollege vom Felshang herabseilt. Dann kontrolliert er den Stein. Dafür braucht er ein gutes Auge. ZWEI sogar. Mit scharfem Blick muss er Unebenheiten und Bruchstellen erkennen. Weil nur vollkommen glatte Platten zu gebrauchen sind, muss er alle anderen aussortieren.
Auf der Steinplatte, die er jetzt in Händen hält, erkennt er regelmäßige Eindrücke. »Ah ja«, denkt er, »klarer Fall von weg damit.«

Dann schaut er noch einmal genauer, streicht mit den Fingern über die Oberfläche und spürt dabei kleine Erhebungen.

Urzeit?
Welche Uhrzeit?
Wie spät ist es denn?

»Herrgottsakra!«

denkt er, denn er erkennt etwas Sensationelles. Er erkennt darin ein Fossil*. Ein versteinertes* Lebewesen aus der Urzeit*. In dem Stein!

Er weiß, dass diese rätselhaften Viecher hier schon häufiger aufgetaucht sind und dass die Aufregung jedes Mal groß war. Keiner kann sich erklären, wie die Tiere ins Innere des Steins gekommen sind. Bei Alois‘ Stein nun deuten einige halbkreisförmige Linien auf Knochen hin. Und dann sind da noch seltsame symmetrische Muster, die alles Mögliche sein könnten. Nur so viel steht für Alois fest: Sinn ergibt die Anordnung nicht.

In seinem Kopf beginnt es zu rattern. Er weiß, dass Fossilien heiß begehrt sind und dass Sammler für seltene Versteinerungen jeden Preis zahlen. Vermögen! Warum? Das weiß er nicht, und es ist ihm auch vollkommen WURSCHT.
In diesem Moment ist etwas anderes wichtig: Er muss entscheiden, was er mit dem Fossil machen soll. Eigentlich müsste er den Fund melden, aber viel lieber würde er ihn behalten. Er überlegt hin und her:

abgeben? – behalten? – abgeben? – behalten?

Und dann entscheidet er sich fürs – BEHALTEN! Jetzt muss alles ganz schnell gehen. Er legt also zügig Platte und Gegenplatte aufeinander. Blickt verstohlen zum Aufseher. Lässt das Stück unter seinem Mantel verschwinden. Und dann arbeitet er weiter, als sei ÜBERHAUPT nichts geschehen.

Als Alois nach getaner Arbeit den Steinbruch verlässt, bemüht er sich, so unauffällig wie möglich dreinzuschauen. Er wünscht dem Aufseher am Ausgang ein freundliches »Servus!«, betet zum Himmel, dass der ihn nicht anhält. Und als nichts weiter geschieht, atmet er auf und eilt nach Hause. Er ahnt nicht, dass er gerade das bedeutendste Fossil aller Zeiten mitgehen lässt …

Alois hat mineralogisches Interesse. Er braucht KIES!

DER HÄNDLER

Der sieht ja steinalt aus.

Pappenheim, nicht weit vom Steinbruch in Solnhofen entfernt, einige Tage später

Das ist Doktor Häberlein. Er ist Arzt und wohnt am Stadtrand des kleinen Orts Pappenheim, nicht weit vom Steinbruch entfernt. Eigentlich will der Doktor schon seit Langem seine Arztpraxis schließen, immerhin ist er schon 74. Aber daran ist gar nicht zu denken, denn er braucht das Geld. Vor allem für seine älteste Tochter, die bald heiraten will. Was das kostet! Aber zum Glück gehören die Arbeiter aus den Steinbrüchen mit ihren Verletzungen, Knochenbrüchen und Verstauchungen zu seinen »Stammkunden«. Viel zu holen ist bei denen zwar nicht. Manchmal aber bringen sie etwas, das noch interessanter ist als Geld …

Als es eines Abends an seiner Tür klopft, kann er sich schon denken, was ihn erwartet: ein unangemeldeter Patient aus dem Steinbruch. Und tatsächlich steht da ein junger Mann, dreckig und staubig.

Alois, so stellt er sich vor, und hustet sich die Seele aus dem Leib. Bevor der Doktor mit der Untersuchung beginnt, klärt er erst einmal die Frage nach seinem Honorar. Schon zieht Alois zwei gut verpackte Gesteinshälften unter seiner Jacke hervor und hält sie dem Doktor hin.

Ganz bestimmt gibt es mitfühlendere Ärzte als Doktor Häberlein. Aber es gibt keinen anderen Doktor, der Fossilienwährung als Lohn akzeptiert. Das wissen die Arbeiter aus dem Steinbruch, die allesamt kein Geld haben. Deshalb kommen sie zu ihm, wenn sie krank sind. So hat Doktor Häberlein vor Kurzem mehrere kleine Flugsaurier* von einem der Arbeiter ergattert und sie dann nach München an die Bayerische Staatssammlung verkauft. Ein kleines Vermögen hat er damit verdient! Daran muss er jetzt denken, als er lächelnd die Steinplatte betrachtet.

Erkennen kann er – NICHTS.

»Eine Ecke ist ja abgebrochen«,

beschwert er sich. Alois zuckt mit den Schultern. Der Doktor schaut genauer.

»Da sind Knochen!«,

stellt er fasziniert fest. Aber es ist weder ein Ammonit* noch ein Fisch*. So viel sieht er gleich.

Er hält die Steinplatte in die Strahlen der Abendsonne und erkennt plötzlich Details: ein langes Rückgrat, Beinknochen und, wenn er nicht spinnt, sogar Flügel … Ihn überkommt ein wohliger Schauer – vor seinem inneren Auge schwingt sich bereits ein fliegender Saurier in den Abendhimmel und sehr viel Geld zeichnet sich am Horizont ab. Jetzt heißt es, clever zu sein. Alois nicht merken zu lassen, dass dieses Fossil ein Vermögen wert sein könnte!
Der Doktor blickt also so desinteressiert wie möglich und macht Alois ein Angebot:

»Fünf Arztbesuche für dich, das Fossil für mich!«

Was bleibt Alois anderes übrig? Hustend erklärt er sich einverstanden. Jetzt endlich wendet sich der Arzt Alois' kranker Lunge zu. Klopft hier und horcht da, während er in Gedanken nur bei dem neuen »Flugsaurier« ist.

Kaum ist er fertig mit der Untersuchung, drückt er seinem Patienten ein Rezept in die Hand und schiebt ihn schnell zur Tür hinaus.

Der Doktor atmet auf: endlich allein mit dem Fossil. Augenblicklich setzt er sich an seine Werkbank und beginnt mit der Arbeit, dem Präparieren*. Das kann er gut – er hat Geduld, einen geschulten Blick und eine ruhige Hand. All das braucht er, wenn er ein Fossil aus dem Stein »befreien« will. Erst einmal klopft er das Objekt vorsichtig ab. Er muss wissen, wo er Stein entfernen muss. Aber Achtung: Ein Schlag an der falschen Stelle kann das ganze Fossil zerstören. Erst dann kommen Hammer und ein winziger Meißel zum Einsatz.

Je länger er hantiert, umso mehr strahlt er, denn immer mehr Knochen und Knöchelchen kommen zum Vorschein und immer deutlicher zeichnet sich ein kleines Flügelwesen* in dem Stein ab. »Ja«, denkt er triumphierend, als er viele Stunden später – es ist schon mitten in der Nacht – sein Werkzeug weglegt: »noch ein Flugsaurier!«

Er fällt todmüde ins Bett und träumt von seltsamen Tieren aus der Urzeit, die ihn auf weiten Schwingen durch die Nacht tragen …

Als er sich am nächsten Morgen – noch ungewaschen und im Schlafanzug – wieder an die Arbeit macht, kommen ihm plötzlich Zweifel: ein Flugsaurier? WIRKLICH? Genau besehen hat sein Fossil weder die typischen Bein- noch Schwanzknochen.

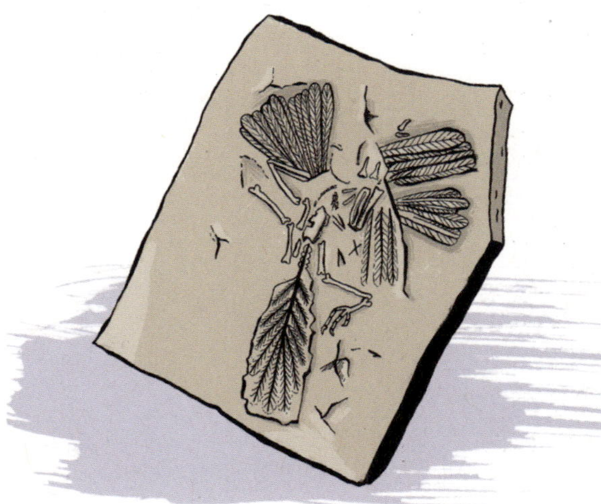

Und andere Knochen, die hier eigentlich sein sollten, fehlen. Dafür besitzt dieses Tierchen Krallen an Füßen und Flügeln und einen sehr, sehr langen Schwanz. Ein Reptil* ist es, das ist klar, aber was für eines? Leider fehlt der Kopf und so kann Doktor Häberlein die Frage erst einmal nicht beantworten.

Also nimmt er sich jetzt die Flügel vor. Hier erwartet er eigentlich die ihm vertrauten Flugsaurierflügel. Also in der Art, wie auch Fledermäuse sie haben: mit tragflächen-artigen Flughäuten.

Während er jetzt immer mehr von dem Tier aus dem Stein schält, fällt ihm plötzlich die Kinnlade herunter. Er kann kaum glauben, was er sieht:
Er entdeckt FEDERN*! Dieses Tier besaß keine Flügel mit Flughäuten, es besaß Flügel mit Federn! Wie kann das sein? Federn bedeuten doch: VÖGEL*, oder nicht?

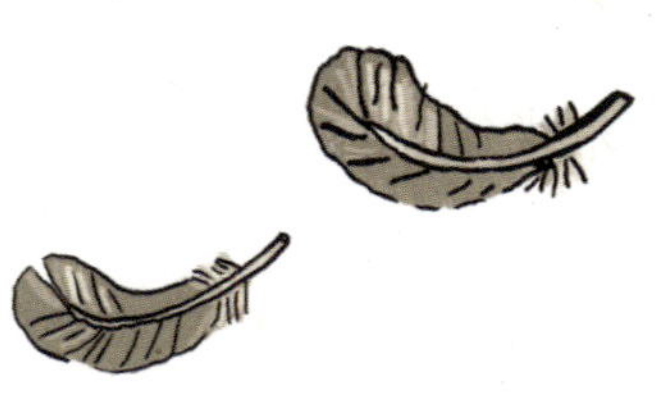

Was aber zu dieser Zeit noch niemand ahnt:
Es gab auch Dinosaurier mit Federn. Der Doktor auf jeden Fall ist vollkommen verwirrt. »Naja«, denkt er,

»sollen das doch andere klären.«

Was ihn an diesem komischen Vogel einzig interessiert, ist, ob er goldene Eier legen kann, also ob er ihm Geld bringen wird. Dann lacht er sich ins Fäustchen und hämmert fröhlich weiter …

DINOSAURIER
mit Federn?!
Klare Sache!

Puh!
Nur Männer hier!

DIE INTERESSENTEN

FRIEDRICH WITTE

HERMANN VON MEYER

ANDREAS WAGNER

Jetzt aber zurück nach Pappenheim. Wir wollen doch wissen, wie es Doktor Häberlein und seinem rätselhaften Fund geht …

Der ist etwas ratlos, denn er hat keine Ahnung, was er jetzt mit seinem komischen »Vogel« anfangen soll. Natürlich könnte er ihn an den erstbesten Interessenten verscherbeln. Oder wäre es klüger, ihn dem Meistbietenden zu geben? Dafür muss die Nachricht von dem Federvieh aber erst einmal unter die Leute. Es muss bekannt werden. Das ist leichter gesagt als getan.

Was für ein glücklicher Zufall, dass kurz darauf sein alter Kumpel Friedrich Witte aus Hannover vor dem Haus steht. Und so öffnet der Doktor erst die Tür, dann eine Flasche Wein und die Männer machen es sich – mit zahllosen Fossilien – am Kamin gemütlich.

»Fredl, da schau her …«,

sagt der Doktor und zeigt dem Freund seinen neuesten Fund. Der staunt nicht schlecht. Zwar ist auch Friedrich »nur« Hobby-Paläontologe* wie der Doktor, aber als Vorsitzender der Naturhistorischen Gesellschaft in Hannover hat er mehr Erfahrung. Er erkennt, dass das Fossil unglaublich ist.

»Wenn das mal nicht das »Missing Link«* ist, nach dem halb England sucht!«

»Hä? Missing Link?«, fragt der Doktor. Und Friedrich versucht, ihm mit einfachen Worten zu erklären, was er

selber gerade erst gelesen hat – in einem naturwissenschaftlichen Bestseller von einem Charles Darwin aus England. Doch Doktor Häberlein versteht nur »BAHNHOF«.

Also muss Friedrich ein wenig ausholen, und fängt an zu erzählen ...

»Charles Darwin«,

so beginnt er, »ist 1809 in England geboren, also ist er jetzt 52 Jahre alt. Und ein Genie! Seit Jahren sucht er Antworten auf Fragen wie diese: Woher kommt der Mensch? Woher kommt das LEBEN?

Erst hat er Theologie studiert und dann hat er fünf Jahre auf einem Schiff die Welt umsegelt und musste da eigentlich nichts anderes tun, als den Kapitän daran hindern, am Steuer einzuschlafen oder zu viel Rum in sich hinein zu kippen.
So lernt er zum ersten Mal, was für viele verschiedene Tiere und Tierarten* es gibt! Das hatte er nicht geahnt, aber auf dieser Reise wird ihm das so richtig klar.

Er grübelte darüber nach, wie wohl all diese Tierarten entstanden sind.

Möglichkeit 1: Gott hat sie alle einzeln erschaffen.
Möglichkeit 2: Sie haben sich im Lauf der Zeit entwickelt*. Aber WIE genau?

Tja, da ist er nicht der Erste, der sich über diese Frage den Kopf zerbricht. Vor ihm hat ein Franzose, Georges Cuvier, angenommen, dass Arten sich nicht verändern, sondern einfach nur sterben und ersetzt werden. Das glaubt Charles nun definitiv nicht.

Kurz danach hat der Franzose Jean-Baptiste de Lamarck eine erste, echte Evolutionstheorie* formuliert (also Möglichkeit 2). Er hat sich gefragt, woher der lange Hals bei der Giraffe kommt. In aller Kürze geht seine Theorie so:
Giraffe – reckt Hals, um besser fressen zu können – Hals wird länger – Giraffenkinder auch mit langem Hals – Giraffe fertig (einfache Version).

So viel steht fest: Viele Ideen kommen aus Frankreich! Und das Thema »Entwicklung« (also »Evolution«*) spielt hier schon eine Rolle. Trotzdem weiß keiner so genau, WIE die vielen verschiedenen Tierarten denn nun eigentlich entstanden sind.

Auf den Galapagosinseln entdeckt Charles Darwin nun etwas ganz Rätselhaftes:
Hier sieht er Vögel (die später nach ihm benannten Darwinfinken*), deren Schnäbel auf jeder der kleinen Inseln anders aussehen. Er fragt sich, warum Gott so viele verschiedene Finkenarten mit solch unterschiedlichen Schnabelformen geschaffen haben sollte.

Tja, das ist genau die richtige Frage, die sich Charles Darwin da stellt, und seine Antwort ist,

dass nicht etwa ein Gott das alles gemacht hat, sondern die Natur!

Davon ist er fest überzeugt, so entsetzlich er den Gedanken als studierter Theologe auch findet. Und er kann an den Schnäbeln von den Vögeln der Galapagosinseln auch erkennen, WIE das geschehen sein muss:

Ganz am Anfang, als die ersten Vögel gerade auf einer der Inseln gelandet waren, hatten ihre Schnäbel alle noch gleich ausgesehen. Irgendwann aber hatte es einige wenige Vögel auf eine der anderen Galapagosinseln verschlagen.

Und jetzt kommt's: Gab es auf dieser Insel zum Beispiel nur Kerne mit harter Schale, konnten nur die Vögel sie

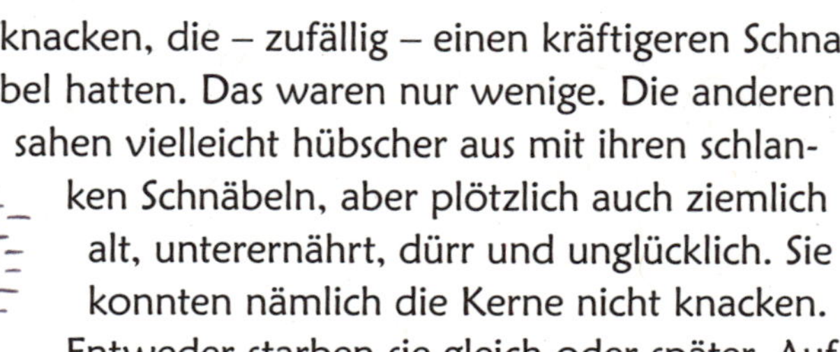

knacken, die – zufällig – einen kräftigeren Schnabel hatten. Das waren nur wenige. Die anderen sahen vielleicht hübscher aus mit ihren schlanken Schnäbeln, aber plötzlich auch ziemlich alt, unterernährt, dürr und unglücklich. Sie konnten nämlich die Kerne nicht knacken. Entweder starben sie gleich oder später. Auf jeden Fall hatten sie echte Nachteile gegenüber denen mit den kräftigen Schnäbeln. Die waren schon bald viel besser genährt, legten mehr Eier und bekamen mehr und kräftigere Vogelbabys. Die erbten die kräftigen Schnäbel ihrer Eltern, und irgendwann hatten alle Vögel auf der »Harte-Schale-Insel« diese Schnäbel. Eine neue Art* war entstanden. Nicht über Nacht, aber im Lauf der Zeit.

Tierarten können sich verändern, je nachdem, wie die Umweltbedingungen sind. ‚Natürliche Zuchtwahl'* nennt Darwin das. Das bedeutet: Wer – durch Zufall – etwas anders ist als seine Artgenossen, kann bessere Überlebenschancen haben.
Er erkennt also: Es gibt deshalb so viele Tierarten*, weil Arten aus anderen Arten entstehen können, ganz von alleine! Nicht jedes Mal muss ein Gott extra aktiv werden.«

Doktor Häberlein schreit:

»Ja, Herrgottsakra! Aber der Pastor in der Kirche erzählt doch was ganz anderes!«

»Tja, und genau das ist ja das Problem«, erzählt Friedrich weiter,

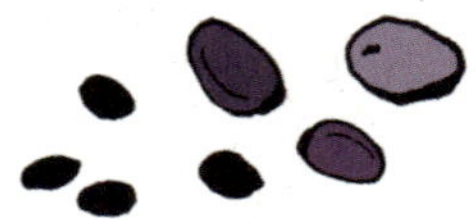

»man weiß einfach nicht, was man denn nun eigentlich glauben soll.

Naja, auf jeden Fall hat Darwin alles aufgeschrieben. Das über die Finken und ALLES andere, was er in den fünf Jahren in der Natur beobachtet hat. Alles, bis auf EINS. Etwas fehlte ihm ja, weil er es einfach nicht finden konnte: ein Tier oder Fossil, das ihm den letzten Beweis bringen könnte, weil es die Merkmale ZWEIER VERSCHIEDENER Tierarten hat. Etwas hiervon, etwas davon. Aber genau da klafft eine Lücke, da fehlt etwas …«

Doktor Häberlein schreit schon wieder:

»Aaaahhhh! Oooohhhhh! Jetzt habe ich es kapiert!

Die Lücke in der Beweiskette, das fehlende Bindeglied. Mein Federvieh ist der Beweis für diesen Charles Darwin aus England? Das Missing Link?«
»Möglich wär's!«, brummt Friedrich.

Als Friedrich am nächsten Tag weiter nach München reist, bittet Häberlein ihn:
»Erzähl den Wissenschaftlern von dem seltsamen Hühnchen.«
»Ja«, sagt Friedrich, »geht klar.«

In Bayerns Metropole ist Friedrich mit einem anderen Freund, Professor Wagner, verabredet. Der ist Konservator an der Bayerischen Staatssammlung für Paläontologie, schon sehr alt, also ein perfekter Gesprächspartner in Sachen »Viecher der Urzeit«.

Ganz genau beschreibt Friedrich ihm das Fossil, die vogelartigen Federn, die reptilienartige Kralle und alles andere, was er in Pappenheim gesehen hat und was das Tier so einzigartig macht. Und dann murmelt er etwas von

»Missing Link«.

Wagner erstarrt. Missing Link? Darwin soll also recht haben mit seiner bekloppten Theorie? »Alles«, denkt er, »bloß DAS nicht.« Seinem Freund gibt er unmissverständlich zu verstehen: Er will nichts weiter hören!! Und KAUFEN will er das Viech schon gar nicht! Noch nicht einmal geschenkt würde er es nehmen. Und kaum ist Friedrich wieder verschwunden, tut Wagner so, als hätte dieses Gespräch NIE stattgefunden.

Zurück in Hannover sitzt Friedrich bald darauf beim Frühstück und freut sich auf seine Lieblingszeitschrift, das

»Neue Jahrbuch für Mineralogie, Geologie und Paläontologie«

(was Paläontologen beim Frühstück halt so lesen).

Nach einer Weile entdeckt er darin – er ist ein gründlicher Leser – den Artikel eines Geologieprofessors namens Hermann von Meyer aus Frankfurt. Er verschluckt sich fast an seinem Brötchen, als er dessen Zeilen liest und die dazugehörige Abbildung betrachtet. Sie zeigt eine versteinerte Feder aus dem Steinbruch von Solnhofen. Wie wunderschön sie aussieht. Obwohl sie versteinert ist, scheint sie weich, zart und flaumig. Vor einem Jahr ist sie entdeckt worden, schreibt von Meyer. Und hier und jetzt möchte er sie bekannt machen, weil er sie für etwas Besonderes hält.

»Das ist ja irre«,

denkt Friedrich. »Eine Feder aus Solnhofen! Und ein Professor, der sich dafür interessiert. Wenn also einer an Häberleins Federvieh Interesse hat, dann doch wohl genau DIESER Mann.« Und er beschließt, dem Professor einen Brief zu schicken. Setzt sich hin und beschreibt mit Herzblut und Begeisterung das wundersame Vogelreptil aus Pappenheim.

Nicht viel später liest von Meyer den Brief und denkt:

»Wow!«.

So also muss er sich das Tier vorstellen, von dem »seine« Feder stammt. Er sieht es nach der Beschreibung von Friedrich lebhaft vor sich. Fest steht: Was auch immer das ist, die Welt muss davon erfahren. Und dann setzt auch er sich hin und schreibt einen Nachtrag zu seinem Beitrag für die Zeitschrift. Darin erwähnt er das urzeitliche Federtier. Und als der Artikel erscheint, ist es so weit:

Der große Moment für das kleine Tier ist gekommen – der Professor aus Frankfurt schubst es in die Öffentlichkeit. Jetzt kann jeder über das seltsame Wesen lesen, das so aussieht, als hätte es sich nicht entscheiden können, Saurier oder Vogel sein zu wollen. Und von Meyer macht noch etwas: Er gibt der Feder einen Namen*. Und dem »Flügeltier« – beides gehört ja wohl zusammen – gleich mit: Archaeopteryx lithographica nennt er sie – »Die uralte Feder aus dem

Lithografie-Gestein« soll das bedeuten.
Im Hause Häberlein steppt inzwischen der Bär. Der Doktor hat erfahren, dass die Hochzeit seiner Tochter ein Vermögen kosten wird. Er ist kurz davor, zu explodieren. Doch auch diesmal kommt ihm ein glücklicher Zufall zu Hilfe …

Erst erhält er einen Brief aus Frankfurt von Professor von Meyer. Und dann meldet sich auch noch Professor Wagner aus München. Der hat es sich nach dem Artikel in der Zeitschrift anders überlegt: Da es nun nicht mehr möglich ist, das Fossil geheim zu halten, wird er es eben KAUFEN.
»Ha«, denkt Häberlein erfreut und reibt sich die Hände.

»Sie haben angebissen!
Jetzt zeige ich ihnen,
wo der Hammer hängt.«

In seinem Übermut stellt er ein paar knallharte Regeln auf:

1. Das Vogelvieh gibt's nur zusammen mit seinen anderen Solnhofener Fossilien.
2. Das wird teuer! (Er nennt einen wahnwitzigen Preis)
3. Niemand darf das Fossil sehen.
4. Es sei denn: Jemand will es KAUFEN.
5. NIEMAND darf es abzeichnen.
6. Kein Fossil darf sein Haus verlassen.
7. Es sei denn: Jemand HAT es bereits gekauft.
8. Der Meistbietende bekommt das Vogelvieh.
9. Widerspruch zwecklos!

Professor von Meyer steigt schon bald aus den Verhandlungen aus.

»Bei dem piept's wohl!«,

denkt er sich.
Bleibt noch Professor Wagner. Der rauft sich ununterbrochen die weißen Haare: Ein Tier, das Saurier und Vogel gleichzeitig ist? Das KANN es nicht geben, das DARF es nicht geben! Er tobt. Jetzt ärgert er sich grün und blau. Hätte er es doch bloß damals gleich gekauft, dann hätte er es verstecken können. Er schickt einen seiner Museumsmitarbeiter nach Pappenheim und der darf sich das Stück – unter Häberleins Aufsicht – ansehen. Gucken ist ja erlaubt, Notizen machen und zeichnen strengstens verboten. Was Häberlein nicht ahnt: Der Mann hat ein fotografisches Gedächtnis. Was er auch nur einmal gesehen hat, bleibt ihm in Erinnerung.

Im Dorfgasthof zeichnet er es – geradezu perfekt – aus der Erinnerung! Die Abbildung kann Wagner gut für einen Vortrag verwenden. Der Zweck dieses Vortrags: Er will klarstellen, als was seine Zuhörer das Fossil zu sehen haben. Erst einmal benennt* er das Tier um in Griphosaurus*,

»Rätselsaurier«.

Oje, der Arme!

Nichts im Namen soll mehr an »Feder« oder »Vogel« erinnern. Damit macht er deutlich, was er darüber denkt:

1. Die versteinerte Feder und das Vieh gehören NICHT zusammen.
2. Die »Federn« an dem Vieh sind keine Federn.
3. Das Vieh ist kein Vogel, sondern ein Reptil, sogar nur ein einfaches Kriechtier.
4. Auf keinen Fall ist das ein Zwischenwesen.
5. Darwin spinnt.
6. Ich habe recht und keiner sonst.

Dann hat er genug gesagt, fällt um und ist tot.

Nach seinem Vortrag macht sich Verwirrung breit:
Ja, wofür soll man denn den Archaeopteryx nun halten?
Und wie soll man ihn nennen?
Doktor Häberlein sieht plötzlich selbst fast so alt aus wie sein Fossil. Auf einmal ist gar kein Interessent mehr in Sicht. Damit kann von Meistbietendem überhaupt nicht mehr die Rede sein. Und die Hochzeit seiner Tochter rückt gnadenlos näher. Was also tun? Der Doktor fragt sich: »Falls das nun aber doch das komische Lissing Mink, äh, Missing Link sein sollte, wo bleiben denn dann die Interessenten???«

DER ARCHAEOPTERYX

was?

das versteinerte urzeitliche Fossil des Urvogels* Archaeopteryx lithographica

noch mehr davon?

weitere 11 Exemplare unterschiedlicher Arten

Bezeichnung?

»Archaeopteryx« von archaeo (alt) und pteryx (Feder) bedeutet »alte Feder« (da das griechische Wort pteryx weiblich ist, müsste es korrekt DIE Archaeopteryx heißen), lithographica bezieht sich auf den Stein, aus dem der Fund stammt und der vor allem für Lithografien verwendet wurde

wie groß?

die Kalksteinplatte misst etwa 58 x 45 Zentimeter; der Archaeopteryx als lebendes Tier konnte eine Größe von etwa 50 Zentimetern erreichen

woraus?

so genannter Solnhofener Plattenkalk

wie?

das Tier samt seiner Umgebung versteinerte im Lauf der Jahrmillionen

wo jetzt?

London, Naturhistorisches Museum

wie schwer?

das lebende Tier konnte bis zu 1 Kilogramm schwer werden

wie erhalten?

eine Ecke ist beschädigt, der Kopf ist nicht erhalten, die Gegenplatte (der »Deckel«) enthält Spuren des bezahnten Kiefers

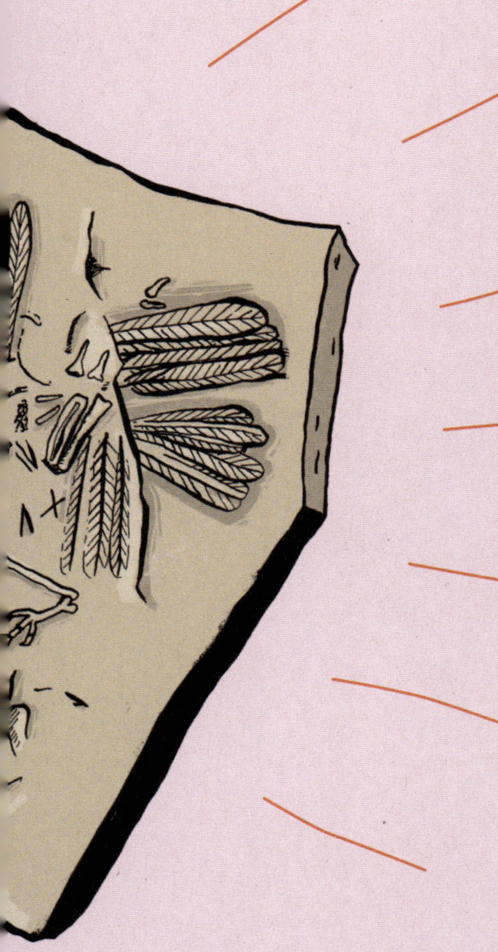

wo gefunden?

Solnhofen, Bayern, Ottmannscher (Stein-)Bruch

wann gefunden?

Frühjahr 1861

wie alt?

aus der Zeit des Oberjura*, also 152,1 bis 145 Millionen Jahre alt

das Besondere?

gilt als Übergangsform, die zwischen Dinosauriern und Vögeln vermittelt, der erste Beweis für Darwin und seine Vermutung von solchen Übergangsformen

DIE KÄUFER
RICHARD OWEN
WATERHOUSE

**London, Britisches Museum,
Abteilung für Naturgeschichte, Januar 1862**

Es ist ein Morgen im Januar 1862. Auf dem Schreibtisch des Büros liegt die Post für Professor Richard Owen. Er ist einer der beiden Chefs der »Abteilung für Naturgeschichte«. »Nanu«, denkt der Professor, »ein Brief aus Deutschland?«

Es gibt so manches, das man über Mister Owen wissen sollte. Dass Kollegen ihn furchtbar finden und als Vertreter des Teufels bezeichnen, zum Beispiel?
Dass er arrogant, hinterlistig und größenwahnsinnig ist?

Nein, das alles soll uns hier gar nicht interessieren. Viel spannender ist das hier: Richard Owen gilt als der größte lebende Naturforscher. Eigentlich ist er Vergleichender Anatom* und als Superstar der Naturgeschichte ein gern gesehener Gast der Queen. Wer kann das schon von sich behaupten?

Seine größte Leistung: Im Jahr 1842, also vor 20 Jahren, hat er – tata! – die Dinosaurier* entdeckt! Ja, wirklich. Zwar hat er nicht selber ihre Knochen ausgegraben, aber ihm ist aufgefallen, dass die erst kurz zuvor entdeckten Knochen von Iguanodon*, Megalosaurus* und Hylaeosaurus* ganz ähnlich sind.

Und so hat er sie einer eigenen Art innerhalb der Reptilien zugeordnet. Und weil er das als Erster getan hat, hat er den Tieren einen Namen geben dürfen. So ist das üblich.

»Furchtbare Echsen«

hat er sie genannt, Dinosaurier. Außerdem hat er sich gefragt, wie die verschiedenen Dinosaurier wohl ausgesehen haben könnten. Er hat sie rekonstruiert*, erst mal nur als Zeichnungen. Die haben schon gereicht, um bei der Queen einen Dino-Rausch auszulösen.

Für ihren neuen Londoner Freizeitpark hat sie dann gleich eine Dino-Abteilung eingeplant, mit Owen als wissenschaftlichem Berater – im Jahr 1854!!

Hier hat er sich dann so richtig austoben und den Dinos wirklich eine Gestalt geben können, aus Zement, Tausenden von Steinen und Tonnen von Eisen!

Und erst die Eröffnungsfeier! Der pure Wahnsinn. Die hat in einem dieser Dinosaurier stattgefunden. Seit der Park geöffnet ist, können alle Menschen sie sehen. Viele machen sich Sorgen:

Aussehen tun sie wirklich furchtbar: groß, ungelenk, dumm und gefährlich.

Diese Monster sollen einmal die Erde bevölkert haben? Das ist ja schrecklich! Was wohl sonst noch so aus dem Boden ans Tageslicht kommen wird?

Und dass Mister Owen etwas angespannt wirkt, ist doch auch klar. Die Naturwissenschaftler sind total im Stress – sie müssen so vieles erklären und auf so viele Fragen eine Antwort finden: was es mit den Fossilien auf sich hat, wie die vielen verschiedenen Arten entstanden sind, wie Dinosaurier ausgesehen haben …
Seitdem Professor Owen das mit den Dinos gelungen ist, ist er richtig berühmt.

Es sei ihm gegönnt: Wer Dinosaurier entdeckt, der darf sich feiern lassen. Aber eines macht ihn echt unausstehlich: sein Hass auf seine Kollegen. Zum Beispiel auf den Mann, der TATSÄCHLICH einen der ersten Dinosaurier entdeckt hat (zwar »nur« den Zahn eines Iguanodon, zufällig in England am Straßenrand, aber immerhin): Gideon Mantell. Auf ihn ist er richtig neidisch. Den Zahn hätte er natürlich selber gern gefunden.

Noch mehr aber beneidet er Charles Darwin. Nicht etwa wegen seines tollen Bartes, sondern weil ganz England über ihn und seine »Evolutionstheorie« spricht. Die hat er in seinem Buch »Über die Entstehung der Arten«* formuliert. Wenn Owen DAS schon hört:

Entstehung der Arten!

Für ihn ist vollkommen klar, WIE die vielen Arten entstanden sind. Dafür reicht ein Satz: Gott hat sie erschaffen, den Finken genauso wie den Spatzen. Sicher hat es irgendeine Art von Entwicklung gegeben, aber ganz bestimmt nicht so, wie Darwin sich das vorstellt. Als wenn die Natur, einfach so, neue Arten erschaffen könnte.

Deshalb beneidet und hasst er Darwin gleichermaßen. Solange aber der Beweis für seine Theorie nicht auftaucht, hat Darwin ja ohnehin nichts in der Hand. Und der Professor hat seine Ruhe …

Jetzt greift Mister Owen zum Brieföffner, öffnet den Umschlag … und liest. Das Schreiben stammt von einem Mann aus München. Vor einiger Zeit hat er den Vortrag eines Professors gehört, schreibt er in schlechtem Englisch. Der Professor ist inzwischen leider tot, aber dessen Vortrag hat der Mann noch in lebhafter Erinnerung. Und dann erläutert er kurz dessen Inhalt – der Archaeopteryx kommt darin vor und das Missing Link spielt auch eine Rolle. Außerdem liegt im Umschlag eine Zeichnung:

Professor Owen erstarrt und wird bleich wie die Wand. Jetzt ist es geschehen. Jetzt ist es tatsächlich geschehen! Das, was nie hätte passieren dürfen!

Das Missing Link – da ist es!

In Gestalt eines Fossils aus einem Steinbruch in Deutschland. Owen verlässt sein Büro und rennt zu seinem Kollegen, Mister Waterhouse, das ist der andere Verantwortliche für alle naturgeschichtlichen Angelegenheiten im Museum.

Auch er hasst Darwin und dessen Ideen. Und auch er bekommt einen Schreck, als er den Brief liest. Die Männer sind sich einig: Sie müssen das Fossil sehen.

Sie müssen es untersuchen. Sie müssen es KAUFEN! Und zwar schnell. GANZ SCHNELL!! Kein anderer darf es in die Hände bekommen. Das müssen sie verhindern.

Zunächst einmal müssen sie wissen, ob der Archaeopteryx noch zu haben ist. Diese Frage formuliert Waterhouse im ersten Brief an Doktor Häberlein, dessen Adresse er mühsam in Erfahrung bringt. Und ab geht die Post nach Deutschland.
Das Antwortschreiben lässt nicht lange auf sich warten: »Ja«, erklärt der Doktor,

»ist noch da. Aber die Bayerische Staatssammlung in München will ihn auch, den Archaeopteryx!«

Owen und Waterhouse fallen fast in Ohnmacht:

»Was immer München bietet – wir bieten mehr!«,

schreiben sie sofort zurück.

Und dann ist erst einmal – Ruhe, der Doktor schweigt. Oder ist etwa die Postkutsche mit dem Antwortschreiben verunglückt? Wochen vergehen, Monate – NICHTS geschieht. (Was keiner der beiden Männer ahnt: Doktor Häberlein verhandelt mit München und erhofft sich von dort ein gutes Angebot. Das bleibt allerdings aus.) Dann endlich kommt die ersehnte Nachricht aus Deutschland.

Owen und Waterhouse jubeln: Doktor Häberlein ist bereit, mit ihnen zu verhandeln. Allerdings gibt es den Archaeopteryx nicht allein, sondern zusammen mit allen möglichen anderen Fossilien aus Solnhofen.
All jenen Stücken, die Häberlein noch so zu Hause herumliegen hat und loswerden möchte. (Nichts, wofür sich das Londoner Museum normalerweise interessieren würde …)

Jetzt schalten Owen und Waterhouse ihr »Kuratorium« ein, also die Männer, die in ihrem Museum über das Geld entscheiden. Das müssen sie tun, denn es wird um sehr hohe Summen gehen. Owen und Waterhouse erläutern, WIE außergewöhnlich das Fossil ist, und die Herren geben grünes Licht: Sie genehmigen 500 Pfund (das sind ungefähr 80.000 Euro), immerhin.

Waterhouse reist umgehend nach Pappenheim zu Häberlein – von der Metropole in die bayerische Provinz – was für eine mühsame Reise. Dort begutachtet er die Fossilien, besonders gründlich natürlich den Archaeopteryx, verhandelt, berichtet nach London, wartet auf Antwort, verhandelt erneut, schreibt erneut, wartet erneut, verhandelt erneut … so geht es fast einen Monat lang, Tag für Tag, Woche für Woche, bis die Nerven der beiden Männer bloß liegen. Dann erklärt Doktor Häberlein aus heiterem Himmel:

»600 Pfund, 400 jetzt, 200 später, mein letztes Wort. Und Tschüss, Mister Waterhouse.«

Waterhouse ist erleichtert, willigt ein und kann nun endlich wieder nach Hause fahren. Zwar sind das 100 Pfund (16.000 Euro) mehr als erlaubt, aber egal. Juhu! Der Deal hat geklappt, die Mühen haben sich gelohnt.

Wirklich?

Kurz darauf in London – Waterhouse ist noch vollkommen erschöpft von der Reise – liegt überraschend ein Schreiben Häberleins im Briefkasten.

Jetzt verlangt er plötzlich doch mehr als verabredet: 700 Pfund! Der Deal ist also geplatzt. So ein Mistkerl! Owen muss erneut vors Kuratorium und neu verhandeln. Jetzt sind die geldgebenden Herren genervt und sagen:

»No! Schluss. Aus! Ende der Diskussion!«

Und sie verbieten sogar jeden Kontakt zu dem komischen Deutschen. Und Owen und Waterhouse? Die denken nicht im Traum daran, die Anweisung zu befolgen. Sie wollen ja schließlich das Fossil, mehr als je zuvor und um jeden Preis. Und so beginnen sie die Verhandlungen von Neuem, diesmal heimlich. Und Häberlein? Der glaubt noch immer, die Fäden in der Hand zu halten und die Regeln bestimmen zu können. Und dann taucht plötzlich ein Gerücht auf: Der Archaeopteryx soll eine Fälschung sein!

Doktor Häberlein ist einem Nervenzusammenbruch nahe. Wer verbreitet eine solche Lüge? Wenn sich diese Nachricht herumspricht – eine Katastrophe! Fest steht:

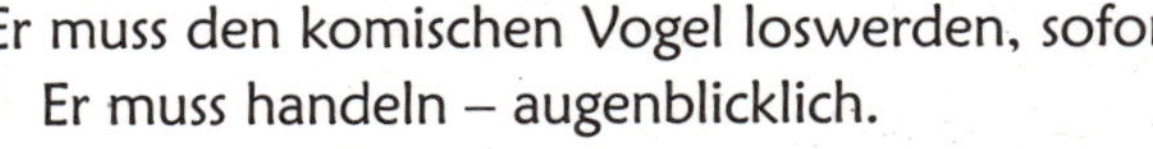
Er muss den komischen Vogel loswerden, sofort.
Er muss handeln – augenblicklich.

Jetzt endlich gerät der Stein samt Fossil ins Rollen: Jetzt endlich verkauft Häberlein, und zwar alles.

Schon wenige Tage später liegen der Archaeopteryx und alle anderen Fossilien sicher verpackt und abfahrbereit in ihren Kisten Richtung London. Auf Nimmerwiedersehen verlassen sie Pappenheim und ihre bayerische »Heimat«. Owen und Waterhouse sind überglücklich, als die Kisten genau einen Monat später, am 1. Oktober, vor dem Museum abgeladen werden. Waterhouse erhält die undankbare Aufgabe, alle Fossilien zu dokumentieren*, sie zu beschreiben und zu vermessen.

Welcome to ENGLAND!

Alle, bis auf den Archaeopteryx. Den nämlich schnappt sich Professor Owen selbst und verzieht sich damit in sein Büro. Endlich allein mit dem Fossil! Er hat vor, es hinter verschlossener Tür so lange zu untersuchen, bis er genügend Beweise GEGEN Darwin hat.

In den folgenden Wochen macht er deshalb nichts anderes: Steht über das Fossil gebeugt und betrachtet es ununterbrochen, vergisst dabei sogar das Essen, Trinken und Schlafen. Am liebsten würde er es verstecken. Aber es gehört ja nicht IHM, sondern dem Museum. Das bedeutet: Es muss in die Öffentlichkeit, und er muss es präsentieren. In einem öffentlichen Vortrag. Was also tun?

Der 20. November, der große Tag, rückt gnadenlos näher. Ein Schlachtplan muss her. Und dann ist es soweit – Owen steht am Rednerpult und blickt in die Augen seiner gespannten Zuhörer. Wie gerne würde er jetzt Charles Darwins Gesicht sehen, doch sein verhasster Konkurrent ist gar nicht erst erschienen.

»Nun ja«, denkt Owen, »er wird schon erfahren, was ich zu dem Viech zu sagen habe!«
Und dann erklärt er mit vielen Worten, scharfer Stimme und einem Gesichtsausdruck, der keinen Widerspruch duldet:

»Der Archaeopteryx ist ein VOGEL! Einfach nur ein VOGEL, kein Reptil, kein Missing Link, kein Beweis für Evolution, kein Beweis für irgendwas. Überhaupt ist Evolution totaler Quatsch, Tierarten können sich nicht verändern, Schluss, aus, keine Widerrede!«

Damit hat Owen alles gesagt, was zu sagen war. Diese Nachricht verbreitet sich. Und so wird der Archaeopteryx in die Öffentlichkeit entlassen, genauer gesagt in eine Vitrine im Britischen Museum.
»So«, denkt Owen, »damit ist hoffentlich Ruhe im Karton …«

Die meisten Menschen atmen auf. »Das klingt doch super«, denken sie.

»Der verrückte Darwin kann seine Theorie gleich wieder einpacken.«

Auch Professor Owen ist beruhigt.
Und tatsächlich: Niemand widerspricht. Und auch sonst passiert – NICHTS. Und so verstreicht ein Jahr nach dem anderen.

Doch dabei bleibt es nicht, DANN geschehen doch noch einige Dinge: Zuerst macht der Naturwissenschaftler Thomas Henry Huxley eine geradezu unglaubliche Beobachtung. Er kann zeigen, dass Vögel und Dinosaurier miteinander verwandt sind, dass Vögel also von Dinosauriern abstammen! Er sagt damit genau das, was auch Darwin sagt! Dann taucht noch ein Archaeopteryx aus dem Steinbruch in Solnhofen auf.

Riesige Aufregung, denn der hat einen Kopf – samt Schnabel, und in dem Schnabel sind deutlich ZÄHNE zu erkennen!

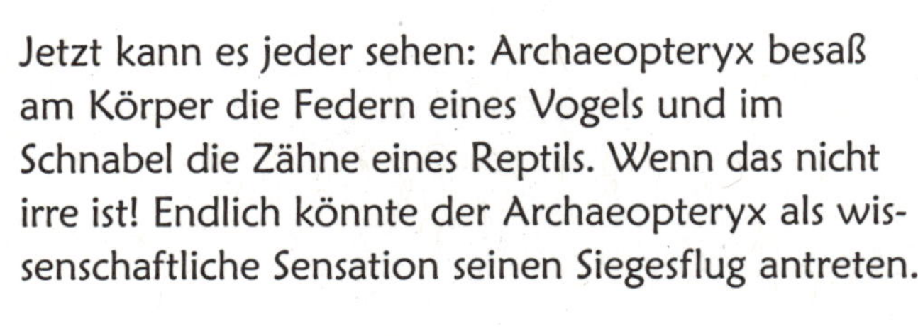

Jetzt kann es jeder sehen: Archaeopteryx besaß am Körper die Federn eines Vogels und im Schnabel die Zähne eines Reptils. Wenn das nicht irre ist! Endlich könnte der Archaeopteryx als wissenschaftliche Sensation seinen Siegesflug antreten.

DIE
URZEIT

Hallo ihr! Ich bin Dr. Argnesa-Charlotte Opaschowski, Professorin für Paläontologie. Ich betreibe die Wissenschaft der Paläontologie. Ein schwieriges Wort, ich weiß! Wer es zehnmal hintereinander ausspricht, hat einen Knoten in der Zunge.

Paläontologie – das ist die Wissenschaft von dem, was alt ist. Und mit »alt« meine ich … richtig alt! Hier dreht sich alles um die versteinerten Überreste, die versteinerten Tiere und Organismen der Urzeit. Bevor übrigens irgendjemand die dumme Frage stellt – nein, ICH bin noch nicht versteinert. Aber in Gedanken bin ich doch immer in der Vergangenheit: Wenn mich zum Beispiel jemand nach der U(h)rzeit fragt, fange ich an zu erzählen – von Knochen, Dinosauriern … Und merke gar nicht, dass da jemand einfach nur wissen will, wie spät es ist, hihi. Wenn es irgendein Fossil gibt, das uns Wissenschaftlerinnen und Wissenschaftler seit 150 Jahren in Atem hält, dann ist es dieses mickrige Hühnchen hier. Hat ganz schön mitgemischt im Leben einiger der größten Stars der

Naturgeschichte – ich denke da an Richard Owen und an den großen Charles Darwin!

BRÜCKENTIER

ARCHAEOPTERYX

REPTIL

VOGEL

SÄUGETIER

SCHNABELTIER

Sieht aus wie von einer Dampfwalze plattgewalzt, oder? Zugegeben, es ist vielleicht nicht das schönste Fossil, aber eines der interessantesten! Kein Wunder also, dass Wissenschaftlerinnen und Wissenschaftler bis heute regelmäßig ihren Senf dazu abgeben. Äh, ich meine natürlich, ihre neuesten Forschungsergebnisse publizieren ... Apropos Hühnchen mit Senf: Erwähnte ich, dass das mein Leibgericht ist? ...
Ja, ein Urvogel*, davon sind wir überzeugt. Dino und Vogel in einem! Ein Brückentier*. Ein Vogel, der noch nicht alle Merkmale eines Vogels hat. Ein früher Vogel, sozusagen. Etwas Wichtiges muss ich aber jetzt mal loswerden:

Richtig müsste es eigentlich **DIE** Archaeopteryx heißen.

Wirklich! Übersetzt bedeutet der griechische Name (archaeo-pteryx) nämlich »alte Feder«, DIE alte Feder, und auch im Griechischen ist das Wort pteryx weiblich! Dass daraus DER Archaeopteryx wurde? DAS wundert mich nicht!! Bei DEN vielen Männern, die sich um das Tierchen gekümmert haben!

Nach dem ersten Archaeopteryx tauchten übrigens noch elf weitere versteinerte Skelette des Urvogels auf. Von wegen einmalig, wie alle erst gedacht hatten. Das muss ein Schlag für Richard Owen gewesen sein, als zwischen 1874 und 1876 das zweite Gerippe ans Tageslicht kam, hihi! Und als dann nach und nach noch zehn weitere entdeckt wurden, hat er sich bestimmt vor Wut in seinem Grab umgedreht.

Heute gibt es also 12 Exemplare dieser Vögel, und alle stammen aus der Gegend rund um Solnhofen.

Aber, damit das klar ist: Exemplare dieses Tieres flogen ganz bestimmt nicht nur hier, sondern auch anderswo herum. Aber nur hier waren die Bedingungen so gut, dass sie als Versteinerungen so toll erhalten geblieben sind.

Ich weiß ja nicht, wie es euch geht, aber die meisten Leute können sich ganz schwer vorstellen, wie es hier früher einmal aussah: Ein großer Teil von dem Land, das heute Deutschland ist, lag vor Millionen von Jahren unter einem riesigen Ozean, dem Thetysmeer*, verborgen,

und auch viele andere Landmassen waren von Wasser bedeckt. Überhaupt sah die gesamte Erdoberfläche noch ganz anders aus als heute.
Das hier muss man sich einmal klar machen:

Menschen gibt es seit etwa 300.000 Jahren,
die Erde aber ist ungefähr 4,6 Milliarden Jahre alt!

Kann sich das überhaupt jemand VORSTELLEN?
Die Menschheit ist aus der Sicht der Erde also nicht viel mehr als »ein Pups im Wind«, wie ich immer gerne sage. Also, was die kurze Zeit angeht. Tja, die Erde ist noch viel älter, als ICH aussehe.

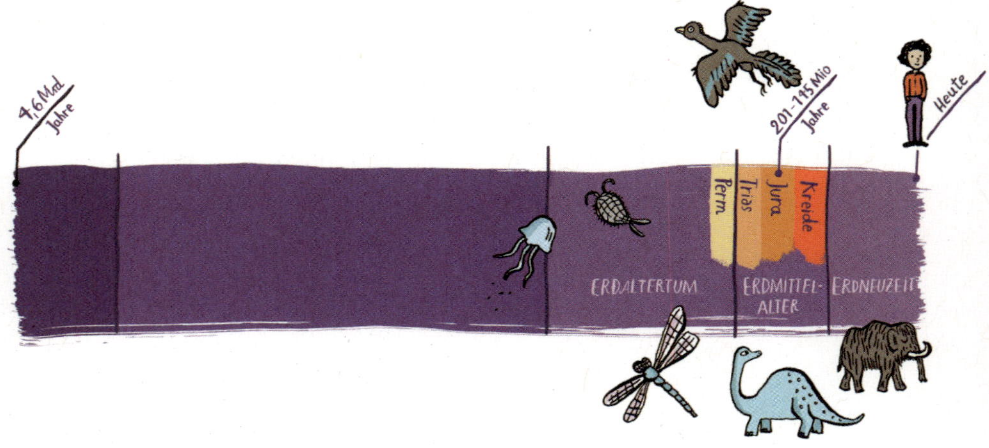

4,6 Milliarden Jahre – ist doch klar, dass Wissenschaftlerinnen und Wissenschaftler erforschen wollen, was im Lauf dieser Zeit alles AUF und MIT der Erde passiert ist. Um die lange Zeit irgendwie überschaubar zu machen, haben sie sie in Abschnitte unterteilt. Und diesen Abschnitten der Erdzeitalter* haben sie Namen gegeben.

Die Zeit, aus der
unser Archaeopteryx stammt,
haben sie Jura genannt. Oberjura,
um genau zu sein. Das ist die
Zeit vor 201 bis vor 145 MILLIONEN Jahren.

Eine faszinierende Zeit, eine faszinierend andere Welt. Auch wenn uns das so vorkommt, als hätte das alles gar nichts mit uns heute zu tun, so möchte ich doch etwas Wichtiges betonen: In der Zeit des Jura entstand bereits einiges von dem, was uns heute so selbstverständlich erscheint, unsere Meere und unsere Kontinente zum Beispiel.

Zunächst hatte es nur einen großen Superkontinent Pangäa* gegeben – alle Kontinente waren also noch miteinander verbunden. Pangäa hatte rund 100 Millionen Jahre existiert und war dann, am Ende des Jura, auseinandergebrochen.

Damals entstanden nicht nur die Kontinente, sondern auch die Weltmeere, wie wir sie heute kennen. Und auch die ersten Wurzeln der modernen Tierwelt lassen sich nachweisen.

Das Klima glich dem in einem Treibhaus. Es war damals viel wärmer und feuchter als heute. Das Wasser der Meere war sogar doppelt so warm. Kaum vorstellbar ist das hier: Sowohl Nord- als auch Südpol lagen im Meer, denn warme Meeresströmungen verhinderten, dass sich Eis bilden konnte. Wir Forscherinnen und Forscher halten diese Zeit für besonders spannend, weil sie für das Verständnis unserer Erde so wichtig ist. Auch um zu verstehen, wie die

Zukunft unserer schönen Erde aussehen könnte.
So viel steht fest:

Die Gegend um Solnhofen glich einem Urlaubsparadies in der Karibik.

Und der Archaeopteryx und seine Kumpels hatten hier vor 150 Millionen Jahren bestimmt ein gechilltes Leben: Das Meer war flach und warm, es gab feine Sandstrände, Korallenriffe, Inseln und Lagunen.

Und vom blauen Himmel strahlte die Sonne.
Menschen allerdings gab es noch keine, und deshalb auch keine Urlauber, und auch keine Leute, die den kleinen Archaeopteryx ärgerten!

Aber viele faszinierende Tiere waren hier zu Hause, im Wasser, an (dem wenigen) Land und auch in der Luft. Wenn dann beispielsweise Tiere im Wasser starben oder tot ins Wasser fielen, sanken sie auf den Meeresboden, und Sand und Schlamm bedeckten sie mit der Zeit. Einige von ihnen verwesten nicht, sondern versteinerten: Im Lauf von Millionen von Jahren wurden sie also selbst zu STEIN, und der Sand um sie herum auch. Die Wassermassen des Ozeans gingen nach und nach zwar immer weiter zurück.

Die Versteinerungen der Tiere aber blieben dort, wo sie auf den Meeresgrund gesunken waren. Als dann Millionen Jahre später Menschen die Erde bevölkerten, fanden sie einige dieser rätselhaften Steine. So richtig erklären konnten sie sich das zuerst nicht. Naja, eigentlich suchten die Menschen ja auch erst einmal nach keiner richtigen wissenschaftlichen Erklärung. Die Steine waren einfach da. Dass sie die Reste einer

»anderen Welt«,

einer anderen Zeit waren? Und dass die Erde unfassbar alt ist? Dass es einmal ganz fremdartige Lebewesen, Dinosaurier gegeben hatte, lange bevor Menschen auf der Erde lebten?
All das ahnte ja keiner!

Um ehrlich zu sein: Den totalen Durchblick haben die Wissenschaftlerinnen und Wissenschaftler noch immer nicht, wenn es um den so genannten Urvogel geht. Naja, jede(r) Einzelne glaubt natürlich, ihn zu haben, den Durchblick. Mal haben sie bessere Argumente für die Vogeltheorie, dann wieder bessere für die mit dem Dino.

Klar ist, dass unser kleiner Archaeopteryx ein Brückentier ist, eine Mischung aus Dino und Vogel. Ganz klar ist aber auch, dass er sich von den heutigen Vögeln viel mehr unterscheidet als zuerst gedacht.

Ein Beispiel – die Knochen: Die waren beim Archaeopteryx noch ziemlich schwer, auch schon vor ihrer Versteinerung, hihi. Also anders als bei den Vögeln von heute, die ja ganz leichte Knochen haben. Das weiß jeder, der schon mal an einem Hähnchenbein genagt hat …

Oh, MANNOMANN, wie mein Magen knurrt!

Wie gut, dass wir Forscherinnen und Forscher uns seit Jahren unsere klugen Köpfe zerbrechen. Dabei herausgekommen ist vieles: Je mehr man zum Beispiel über Dinosaurier weiß, umso mehr sieht man deutliche Ähnlichkeiten zwischen ihnen und den Vögeln. Klar ist:

Dinosaurier und Vögel sind tatsächlich eng miteinander verwandt, sie haben gemeinsame Vorfahren.

Wir wissen auch, dass es Dinosaurier gab, die Flügel hatten, Warmblüter waren, Federn besaßen und sich schnell bewegen konnten – also lauter Eigenschaften, die eigentlich typisch für Vögel sind.

Tja, ist das nicht irre? In den Vögeln erkennt man noch die Dinosaurier. Und – nebenbei bemerkt – selbst in uns Menschen steckt noch etwas von Reptilien, ja wirklich. Ein Beispiel: Der Mensch häutet sich alle 27 Tage, und damit häufiger als jede Schlange! Ähm, wieso muss ich jetzt gerade an die Schuppen meines Mannes denken?

Zurück zur Sache … Der Archaeopteryx war zwar nicht der Auslöser für Darwins Idee mit der Evolution. Aber er kam genau im richtigen Moment: Er war und ist ein Beweis dafür, dass Darwin mit seiner Idee richtig lag. Dass eine Tierart aus der anderen entstehen kann. Würde Darwin noch leben, wäre er echt happy: Inzwischen lernen die meisten Kinder in der Schule seine Evolutionstheorie. Naja, nicht alle, um ehrlich zu sein, aber das ist ein anderes Thema …

Also, da sind sich die Wissenschaftler einig: Das letzte Wort zum Archaeopteryx ist noch nicht gesprochen. Hat ja auch Zeit, die Menschheit ist ja noch jung, hihi – zumindest verglichen mit unserem kleinen Liebling.
Irgendwie ist es genau wie in einem echten Krimi: Je mehr man weiß, umso komplizierter wirds.

Auf viele Fragen haben wir ja schon Antworten gefunden: Ziemlich sicher konnte der Archaeopteryx fliegen, naja, sagen wir mal lieber »gleiten«. Wahrscheinlich krabbelte er auf Bäume und Klippen und ließ sich dann fallen, breitete seine Flügel aus und glitt so durch die Lüfte. Und seinen langen Schwanz nutzte er als Steuerruder.

Ob das elegant aussah oder einfach nur bescheuert? Tja, wer weiß das so genau? Richtig cool war auf jeden Fall sein buntes Federkleid. Das brauchte er nämlich nicht etwa für seine Luftakrobatik, sondern zum Beispiel, um damit anzugeben. Und bestimmt auch, um seine Babys damit warm zu halten.
Und wenn dem Archaeopteryx der Magen knurrte, was machte er dann? Holte sich einfach ein paar leckere Krabben und Würmer aus dem Wasser. Hmmm!!!

So, und das muss jetzt reichen.

Wenn ich nicht bald in meinem Lieblingsimbiss ein Brathähnchen verputze, dann werde ich zum Honk,

und für diese Verwandlung brauche ich weder Darwin noch Evolution und schon gar nicht Millionen von Jahren!

Alois wurde von seinem quälenden Husten kuriert, nachdem Doktor Häberlein ihn noch viermal untersucht hatte. So konnte er weiter im Steinbruch arbeiten und noch viele Fossilen ans Tageslicht bringen, allerdings keinen weiteren Archaeopteryx.

Doktor Karl Häberlein konnte seiner Tochter eine Hochzeit ausrichten, von der man in Pappenheim noch lange schwärmte! Wie viel von dem Archaeopteryx-Geld dafür draufging? Das blieb Häberleins Geheimnis. Den Handel mit Fossilien betrieb er noch mehrere Jahre, nach seinem Tod übernahm sein Sohn die »Stein-Geschäfte«.

Und was ist aus all den LEUTEN geworden?

Wer weiß, was ohne **Friedrich Witte** aus Doktor Häberleins Archaeopteryx geworden wäre. Witte starb mit 69 Jahren und vermachte seine Sammlung von Versteinerungen der Universität Göttingen. Dort kann man sie noch immer bewundern.

Hermann von Meyer ist bis heute berühmt dafür, dass er die Wissenschaft der Wirbeltierpaläontologie begründete und auch dafür, dass er der ältesten bekannten Feder den Namen Archaeopteryx gab. Er war ein herausragender Wissenschaftler, der tolle Auszeichnungen bekam.

Nachdem **Andreas Wagner** den Archaeopteryx zum einfachen Kriechtier erklärt hatte, verlor das Münchner Museum das Interesse an dem Fossil. So konnte es das Naturhistorische Museum in London kaufen. Ohne ihn, den Darwin-Hasser, wäre der Archaeopteryx heute wahrscheinlich in München.

Charles Darwins Bauchschmerzen stellten sich später als vollkommen überflüssig heraus: An seiner Evolutionstheorie gibt es gar nichts zu rütteln, wie man heute weiß (auch wenn das immer wieder welche versuchen), und jedes Kind hört davon in der Schule. Er ist einer der berühmtesten Naturwissenschaftler aller Zeiten und einer der bekanntesten Männer, die je gelebt haben.

Richard Owen sah schon bald ziemlich alt aus: Darwin wurde viel berühmter, und er selbst geriet in Vergessenheit. Die meisten erinnern sich noch nicht einmal dann an ihn, wenn es um die Frage geht: Wer hat eigentlich den Dinosauriern ihren Namen gegeben? Dass er sich in seinem Grab gedreht haben soll? Das ist ein böses Gerücht.

Der englische Landarzt **Gideon Mantell** entwickelte allein aufgrund eines versteinerten Zahns, den er zufällig am Wegesrand fand, eine irre klingende Idee: Riesige pflanzenfressende Echsen müssen einmal auf der Welt gelebt haben. Mantell behielt recht und gilt bis heute als »Entdecker« der Dinosaurier.

Argnesa-Charlotte Opaschowski ist – anders als die anderen Figuren dieses Buchs – erfunden. Es gibt keine Frau mit diesem Namen. Aber natürlich gibt es Frauen, die Paläontologie betreiben. Allerdings nicht besonders viele. Unter den 96 berühmtesten Paläontologen, die Wikipedia auflistet, sind nur 4 Frauen! Weiß der Geier, warum! Weiß der Geier, warum? Nein, wahrscheinlich weiß auch der es nicht …

DAS SCHATZSUCHER-

Kelle

Bleistift

Meissel

Kelle

Hammer

Spaten

Absperrband

Eimer

Maßstab

Lineal

HANDBUCH

Hacke

Schaufel

grober Pinsel

Lupe

Spatel

Zahnbürste

feiner Pinsel

Kamera

Kompass

Ammoniten

sind Meerestiere, die rund 300 Millionen Jahre lang die Weltmeere bevölkerten. Sie gehören zu den häufigsten *Fossilien*. Wer selber nach *Fossilien* sucht, hat gute Chancen, Ammoniten zu finden. Man erkennt sie an der Spiralform ihrer Schale. Der größte Ammonit befindet sich in Münster, er ist 80 Millionen Jahre alt und hat einen Durchmesser von 180 cm. Ammoniten starben – zusammen mit den *Dinosauriern* – vor rund 65 Millionen Jahren aus.

Eine **Art**

ist die Bezeichnung für eine Einheit, mit der Tiere (und auch Pflanzen) in eine logische Ordnung gebracht werden. Tiere einer Art haben Gemeinsamkeiten und Ähnlichkeiten und sie können sich untereinander fortpflanzen (Amseln zum Beispiel sind eine Art von *Vögeln*, Kohlmeisen eine andere). Die Frage, wie so viele verschiedene Tierarten entstanden sind, hat viele Forscher beschäftigt, der berühmteste und erfolgreichste war Charles Darwin. Er fand die Antwort *(Evolutionstheorie, Über die Entstehung der Arten).*

Brückentiere

sind Tiere, die Merkmale zweier verschiedener Tier*gruppen* (Säugetiere, *Fische, Vögel, Reptilien*) besitzen. Der Archaeopteryx ist ein Brückentier zwischen *Reptilien* und *Vögeln*. Ein noch lebendes Brückentier ist das Schnabeltier mit Merkmalen eines Reptils, eines Säugetiers und eines Vogels.

Darwinfinken
(oder auch Galapagosfinken) sind eine Gruppe von 18 verschiedenen Vogelarten, die nur auf den Galapagosinseln heimisch sind. Sie alle stammen von einem gemeinsamen Vorfahren ab. Alle Vogelarten sind eng miteinander verwandt, haben aber ganz unterschiedliche Schnäbel. Benannt sind sie nach Charles Darwin, der an ihnen wichtige Belege für seine *Evolutionstheorie* fand.

Jeder weiß, was **Dinosaurier** sind, nämlich eine Gruppe von Landwirbeltieren, die im Erdmittelalter die Erde bevölkerten. Ihr Name bedeutet so viel wie »furchtbare Echsen«. *Fossilien* von Dinosauriern lassen sich auf der ganzen Welt finden, und zwar in Gesteinsschichten, die zwischen 65 und 235 Millionen Jahren alt sind. Dinosaurier sind ausgestorben, aber ihre Verwandten, die *Vögel*, haben überlebt. Wer also behauptet: »Da sitzt ein Dino im Vorgarten«, liegt gar nicht falsch!

Dokumentation/dokumentieren
Wer ein Relikt der Vergangenheit findet, darf nicht vergessen, das Gefundene und die Fundsituation zu dokumentieren. Das ist immer dann nötig, wenn man etwas aus seinem ursprünglichen Zusammenhang reißt, egal ob das archäologische oder paläontologische Funde sind. Notieren und dokumentieren sollte man Fundort, Funddatum, ebenso gehören zu einer guten Dokumentation Zeichnungen, Beschreibungen, Größenangaben und Fotos. Würde ein Finder all das für sich behalten, würden viele wichtige Informationen für die Forschung verloren gehen.

Entwicklung
ist die deutsche Bezeichnung für *Evolution.*

Entstehung der Arten
siehe *Über die Entstehung der Arten*

Erdzeitalter
sind die Zeitabschnitte in der Erdgeschichte, zum Beispiel Erdaltertum, Erdmittelalter. Diese Abschnitte sind wiederum in weitere Abschnitte unterteilt.

Evolution
ist die englische Bezeichnung für *Entwicklung*. Es meint die *Entwicklung* und die Veränderung von *Tierarten* und anderen biologischen Einheiten. Wer von Evolution überzeugt ist, glaubt, dass neue Arten durch die Natur entstehen können. Auch der Mensch wurde nicht von Gott geschaffen, sondern stammt vom Affen ab, so Darwins Erkenntnis. Kritiker der *Evolutionstheorie* fragen dann: Wo bleibt denn da Gott? Hat nicht ER sich jede Art einzeln ausgedacht? Darauf ließe sich entgegnen: Vielleicht steckt Gott ja genau in dieser Kraft, die diese *Entwicklung* bewirkt.

Evolutionstheorie
ist die Beschreibung davon, wie zum Beispiel *Tierarten* entstehen und wie sie sich im Lauf der Erdgeschichte verändert haben, nämlich durch *Natürliche Zuchtwahl.* Darwin wurde mit seiner Evolutionstheorie weltberühmt. Oft aber wird vergessen, dass sich auch schon andere Forscher vor ihm über die *Entwicklung* von Lebewesen und die Entstehung

von *Arten* den Kopf zerbrochen haben. Einer von ihnen war der Franzose Jean-Baptiste de Lamarck.

Federn
hielt man lange als typisch für *Vögel*. Heute weiß man, dass nicht erst *Vögel* Federn besaßen, sondern dass Federn viel älter sind und dass auch schon manche *Dinosaurier* Federn hatten. Die erste Feder der Geschichte war ein Jahr vor dem Archaeopteryx gefunden worden.

Fische
gibt es schon seit Millionen von Jahren, und ganz verschiedene Fische bevölkerten im Lauf der Jahrmillionen die Meere. An Fischen lässt sich gut erkennen, wie *Evolution* funktioniert. Es gab Fische, die sich bei Bedarf mit ihren Flossen an Land bewegen und hier sogar atmen konnten. Falls der See austrocknete, in dem sie lebten, konnten sie robbend nach einer neuen Behausung suchen.

Flügelwesen
Geflügelte Wesen haben die Menschen schon immer fasziniert, vielleicht, weil sie selbst nicht fliegen können. Bis heute ist nicht geklärt, wie es dazu kam, dass Lebewesen Flügel bekamen. Was gab den Ausschlag, dass Tiere im Lauf von Jahrmillionen Flügel ausbildeten? Insekten beispielsweise hatten zunächst keine Flügel, entwickelten erst im Lauf von Jahrmillionen welche. *Flugsaurier* waren – nach den Insekten – die ersten Wirbeltiere, die Flügel hatten, mit denen sie fliegen konnten.

Flugsaurier
Vor rund 250 Millionen Jahren begannen die ersten Pterosaurier (Flugsaurier), mit den Flügeln zu schlagen. Wichtig zu wissen: Der Archaeopteryx ist kein Flugsaurier. Und Flugsaurier sind – trotz der Flügel – nicht mit den *Vögeln* verwandt. Bis heute wissen die Forscher nicht, wie der Flugsaurier zu seinen Flügeln gekommen ist und welche Vorfahren er hat. Große Flugsaurier konnten so groß wie Giraffen werden, ihre Segelfläche betrug etwa 10 Quadratmeter. Die seitlich abstehenden Beine nutzten Flugsaurier als Steuerruder.

Fossil
ist lateinisch und bedeutet »ausgegraben«. Als Fossil bezeichnet man ein Überbleibsel aus der Vergangenheit, das älter ist als 10.000 Jahre. Fossilien stammen meist von Lebewesen, oft von ausgestorbenen. Meist – aber nicht immer – sind Fossilien *versteinert*. Es gibt sogar »lebende Fossilien«, das sind Arten, die sich über einen sehr langen Zeitraum unverändert erhalten haben, dazu gehört das Schnabeltier.

Mit **Fossilbericht**
meinen Wissenschaftlerinnen und Wissenschaftler den Gesamtbestand an *Dokumentationen* zum Vorkommen eines bestimmten *Fossils* – mit allen Angaben, die für eine *Dokumentation* wichtig sind.

Fossiliensuche
Fossilien lassen sich an vielen Orten finden. Wie also sollte man vorgehen? Einfach die Begriffe »Fossilien suchen« und die Gegend googeln, in der man suchen möchte. Dann stehen da Artikel mit Sätzen wie: »Überall in Niedersachsen

durchforsten Hobby-Fossiliensucher Steinbrüche …«. Aber nicht zu früh freuen: Nicht überall wird man sofort fündig. Oft sind es Hobby-*Paläontologen* oder auch Museen, die solch spannende Angebote machen. Meist wird in alten Steinbrüchen gesucht, oder aber auch am Strand, auf jeden Fall dort, wo fossilienhaltige Schichten der *Urzeit* »aufgeschlossen« sind, also offen an der Erdoberfläche liegen. Was genau zu tun ist, erklärt meistens die oder der Verantwortliche vor Ort. Wer sich in einem noch aktiven Steinbruch umsieht, sollte die frischen Baggerkanten genau untersuchen. Wer sich noch nicht so richtig traut, kann auch den »Abraum«, also den Gesteinsmüll, abklopfen.

Fossiliensuch-Ausrüstung
Viel braucht man nicht, aber einiges gibt es zu beachten, wenn man zur *Fossiliensuche* loszieht: 1. Festes Schuhwerk anziehen, 2. Falls vorhanden: Schutzbrille zum Schutz vor Splittern mitnehmen, 3. Stabilen Beutel oder Eimer mitnehmen. Auf dem nächsten Wunschzettel sollten auch stehen: Hammer, Meißel (Größe und Schwere je nach Kraft). Die gibt es zwar meist auch vor Ort zum Ausleihen, werden aber oft knapp.

Als **Griphosaurus**
(Rätselsaurier) bezeichnete Wagner ein Jahr nach der Entdeckung das *Fossil* des Archaeopteryx. Mit der *Umbenennung* wollte er klarstellen: Das Tier ist ein Rätsel, hat nichts von einem *Vogel* und die *Federn* sind keine *Federn*. Längst ist die *Namensgebung* wieder rückgängig gemacht.

Hylaeosaurus

(»Waldechse«) ist eine Gattung der *Dinosaurier*, deren Reste Gideon Mantell 1833 in England fand. Zusammen mit *Iguanodon* und *Megalosaurus* gehört Hylaeosaurus zu den Tieren, denen Owen den *Namen Dinosaurier* gab.

Von einem **Iguanodon**
stammte der Zahn, den Gideon Mantell 1822 in England an einem Straßenrand entdeckte. Zusammen mit *Hylaeosaurus* und *Megalosaurus* gehört *Iguanodon* zu den Tieren, denen Owen den *Namen Dinosaurier* gab.

Jura
ist in der Erdgeschichte der Name für die mittlere Periode des so genannten Mesozoikums (des Erdmittelalters). Der Jura begann vor etwa 201,3 Millionen Jahren und endete vor etwa 145 Millionen Jahren. Den Namen vergab Alexander von Humboldt nach dem Gebirge Jura, das aus Ablagerungen aus dieser Zeit besteht, hier befand sich einst der Rand des riesigen *Thetysmeers*.

Kalkstein
ist ein Sedimentgestein, also ein Stein, der im Lauf der Erdgeschichte durch Ablagerungen entstanden ist. Die meisten Kalksteine bestehen aus Calciumcarbonat und sind tierischen Ursprungs, sind also zum Beispiel aus den Schalen von Schnecken oder aus tierischen Außen- oder Innenskeletten gebildet. Der Solnhofener Kalkstein ist ein sehr feiner und für Bauzwecke verwendeter Kalkstein.
In ihm kommen besonders viele gut erhaltene *Versteinerungen* vor.

Von **Missing Link**
spricht man, wenn ein *Fossil* fehlt, das eine Übergangsform darstellt. Will man zum Beispiel beweisen, dass *Dinosaurier* und *Vögel* miteinander verwandt sind, dann braucht man dazu ein *Fossil*, das beide Merkmale besitzt. Solange es dieses *Fossil* nicht gibt, klafft hier eine Lücke, die Lücke ist das Missing Link. Findet man es und füllt die Lücke, bezeichnet man es als *Brückentier*.

Namen/Benennung
Wer die Reste eines Lebewesens entdeckt, dessen *Art* noch unbekannt ist, darf der gesamten Art einen Namen geben. Das gilt bis heute und ist für viele Suchende ein Anreiz. Aufgrund dieser Regelung war es zum Beispiel möglich, dass von Meyer, der Entdecker der Feder aus Solnhofen, seinen Fund Archaeopteryx lithographica nennen konnte.

Natürliche Zuchtwahl
nannte Darwin das Prinzip, nach dem *Evolution* funktioniert: In der Natur haben vor allem die Lebewesen einen Vorteil, die besonders gut an ihre Umwelt angepasst sind. Wenn zum Beispiel ein *Vogel* zufällig einen starken Schnabel hat, mit dem er sehr harte Nüsse knacken kann, dann hat er seinen Artgenossen gegenüber einen Vorteil. Er hat bessere Überlebenschancen, kann sich fortpflanzen und vererbt seine Schnabelform an seine Jungen (*Darwinfinken*).

Paläontologinnen/Paläontologen
suchen und erforschen die Überreste ausgestorbener Tiere und Pflanzen (*Fossilien*).

Ihre Aufgabe: Antworten darauf zu finden, wie und warum sich das Leben auf der Erde verändert hat. Wer Paläontologin oder Paläontologe werden möchte, muss studieren, braucht dafür die Allgemeine Hochschulreife und sollte Interesse für Biologie, aber auch für Geologie mitbringen.

Pangäa
war der eine große Superkontinent, der vor 250 Millionen Jahren existierte. Pangäa brach auseinander in die einzelnen Kontinente, wie wir sie heute kennen. Wer genau hinschaut, kann erkennen, dass die Formen der einzelnen Kontinente zueinander passen.

Eine **Präparatorin**/ein **Präparator**
»präpariert« etwas. Eine Präparatorin/ein Präparator, die/der mit *Fossilien* zu tun hat, befreit das *versteinerte* Tier zum Beispiel aus dem ihn umgebenden Stein. Dafür ist eine gute räumliche Vorstellungskraft nötig. Wer Präparatorin/Präparator im Bereich Paläontologie werden möchte, kann eine Ausbildung zur/m geowissenschaftlichen Präparatorin/Präparator absolvieren.

Rekonstruieren
bedeutet, aus dem (meist wenig) Erhaltenen auf die vollständige Form zu schließen und sie darzustellen. Das kann manchmal schwierig sein, wenn beispielsweise aus einem einzigen Knochen ein ganzer *Dinosaurier* rekonstruiert werden muss.

Reptilien
traten vor rund 300 Millionen Jahren auf. Sie waren die ersten Wirbeltiere, denen es gelang, das Festland vollständig zu beherrschen. Reptilien haben eine riesige Artenvielfalt: *Dinosaurier* sind Reptilien, genauso wie Krokodile, Schildkröten, Schlangen und viele andere Tiere. Alle Reptilien atmen mithilfe von Lungen, was dringend nötig ist, wenn man an Land lebt.

Thetysmeer
war ein Ozean im Osten von *Pangäa*.

Tierarten
siehe *Art*

Über die Entstehung der Arten
ist das Hauptwerk des Naturforschers Charles Darwin. Es erschien 1859. Darwin hat darin aufgeschrieben, wie *Tierarten* entstehen und wie sie sich verändern. Diese Beobachtungen sind wichtig für die Idee der *Evolution*. Dieses Buch formuliert das, was wir als Darwins *Evolutionstheorie* bezeichnen.

Urvogel
So wird der Archaeopteryx auch bezeichnet, als die Urform eines *Vogels*. Inzwischen kennt man noch einen anderen Urvogel, der wahrscheinlich noch besser fliegen konnte als der Archaeopteryx.

Urzeit

So sagt man, wenn man von einer Zeit spricht, die sehr weit zurückliegt, beispielsweise die Zeit der *Dinosaurier.* Das Wort nutzen vor allem die, die keine Fachleute sind. Wissenschaftler formulieren genauer und sprechen lieber von den einzelnen *Erdzeitaltern.*

Wer **Vergleichende Anatomie**

betreibt, vergleicht die Körpermerkmale von verschiedenen *Arten* miteinander, untersucht sie also auf Gemeinsamkeiten oder Unterschiede. So kann man feststellen, wie eng verwandt zwei *Arten* sind: je mehr anatomische Ähnlichkeiten, umso größer die Verwandtschaft, logisch, oder?

Versteinerungen

Nur ein kleiner Bruchteil dessen, was früher auf der Erde lebte und wuchs, wurde zu Stein. Das Meiste verweste und zersetzte sich. Damit ein Lebewesen zu Stein wird, müssen bestimmte Voraussetzungen erfüllt sein: Zum Beispiel muss es in der Umgebung wenig Sauerstoff und wenig Bakterien geben. Besonders schöne Versteinerungen entstanden, wenn Organismen und Tiere langsam auf den Meeresboden sanken und dann von feinem Sand und Schlamm bedeckt wurden.

Vögel
sind eine biologische Gruppe (»Klasse«) der Wirbeltiere, die alle mehrere Gemeinsamkeiten haben wie zum Beispiel Flügel, *Federn*, Schnabel. Es gibt rund 15.000 verschiedene Arten, rund 150 Arten sind in der Vergangenheit ausgestorben. Vögel leben überall auf der Welt. Vögel und *Dinosaurier* sind eng miteinander verwandt. Die nächsten lebenden Verwandten der Vögel sind die Krokodile.

Spannend wie ein Krimi: Die Sachbuchreihe »Dusty Diggers« über die wichtigsten archäologischen Funde in Deutschland und der Welt

Wir erzählen mit dieser Reihe Geschichten von der Vorzeit bis zur Neuzeit. Dieses Buch ist der 2. Band und vermittelt lebendig alles Wichtige über den Archaeopteryx aus der Urzeit. Der Archaeopteryx steht wie kein anderes Objekt für die Evolutionstheorie von Charles Darwin.
Band 3 der Dusty Diggers-Geschichten nimmt die Wikingersiedlung Haithabu unter die Lupe und entwirft ein lebendiges Bild vom Frühmittelalter (erscheint im Frühjahr 2022).
Der 1. Band und erfolgreiche Auftakt der Reihe vermittelt die spannende Entdeckungsgeschichte der Himmelsscheibe von Nebra und ihre Entstehung in der Bronzezeit. Sie ist der wohl bedeutendste archäologische Fund Deutschlands der letzten Jahrzehnte und seit 2013 UNESCO-Welterbe (erschienen im Frühjahr 2021).

www.seemann-henschel.de
www.facebook.com/seemanns.bilderbande
www.instagram.com/seemann_henschel_verlagsgruppe

Projektmanagement: Caroline Keller
Layout und Satz: Barbara Hinz, Leipzig
Herstellung: Michael Luthe, feingedruckt.de
Gedruckt und gebunden in Lettland

Nachhaltig produziert nach Kriterien des Ökolabels Nordic Swan, zertifiziert: EU Ecolabel, FSC®, Blauer Engel

Bibliografische Information der Deutschen Nationalbibliothek
Die Deutsche Nationalbibliothek verzeichnet diese Publikation in der Deutschen Nationalbibliografie; detaillierte bibliografische Daten sind im Internet über http://dnb.dnb.de abrufbar.

ISBN 978-3-86502-460-2

SOLNHOFEN